GRANDES PERSONAJES EN LA HISTORIA
DE LOS ESTADOS UNIDOS™

CRISPUS ATTUCKS

HÉROE DE LA MASACRE DE BOSTON

ANNE BEIER

TRADUCCIÓN AL ESPAÑOL:
TOMÁS GONZÁLEZ

The Rosen Publishing Group, Inc.
Editorial Buenas Letras™
New York

To Christopher W. Douglass, and in memory of Warner Feig

Published in 2004 by The Rosen Publishing Group, Inc.
29 East 21st Street, New York, NY 10010

First Spanish Edition 2004
First English Edition 2004

Cataloging Data

Beier, Anne.
[Crispus Attucks. Spanish]
Crispus Attucks : Héroe de la Masacre de Boston / by Anne Beier.
    p. cm. — (Grandes personajes en la historia de los Estados Unidos)
Summary: Introduces the life of Crispus Attucks, a former slave who died in the Boston Massacre, a fight between the British and American colonists that occurred before the American Revolution.
Includes bibliographical references and index.
ISBN 0-8239-4130-2 (library binding)
ISBN 0-8239-4224-4 (pbk.)
6-pack ISBN 0-8239-7576-2
1. Attucks, Crispus, d. 1770—Juvenile literature. 2. Boston Massacre, 1770—Juvenile literature. 3. African Americans—Biography—Juvenile literature. [1. Attucks, Crispus, d. 1770. 2. Boston Massacre, 1770. 3. African Americans—Biography. 3. Spanish language materials.]
I. Title. II. Series: Primary sources of famous people in American history. Spanish.
E185.97.A86 B45 2003
973.3'113'092—dc21

Manufactured in the United States of America

Photo credits: cover, pp. 5, 21, 23, 29 © Hulton/Archive/Getty Images; p. 7 The New-York Historical Society, New York, USA/The Bridgeman Art Library; p. 8 The Mariners' Museum, Newport News, VA; p. 9 Christie's Images/The Bridgeman Art Library; p. 10 Smithsonian American Art Museum, Washington, DC/Art Resource, NY; pp. 11, 24, 25 © North Wind Picture Archives; p. 13 Yale University Art Gallery, New Haven, CT/The Bridgeman Art Library; p. 14 Eastman Johnson, *A Ride for Liberty—The Fugitive Slaves,* 1863, Collection of the Brooklyn Museum of Art, 40.59a; pp. 15, 26, 27 Picture Collection, The Branch Libraries, The New York Public Library, Astor, Lenox, and Tilden Foundations; p. 17 Archives Charmet/The Bridgeman Art Library; p. 19 Bonhams, London, UK/The Bridgeman Art Library; p. 20 Réunion des Musées Nationaux/Art Resource, NY; p. 22 © Corbis.

Designer: Thomas Forget; Photo Researcher: Rebecca Anguin-Cohen

CONTENIDO

1 UN JOVEN CON GRANDES SUEÑOS

En 1723, Crispus Attucks nació en la esclavitud en Framingham, Massachusetts. Su padre, Prince, fue capturado en África, traído a las colonias y vendido como esclavo. Nancy, madre de Crispus, pertenecía a la tribu de indios Natick. Crispus tenía una hermana mayor, Phebe. La familia servía a su amo, el coronel Buckminster.

UNA TRIBU VIVA

La tribu de indios Natick todavía está establecida en Natick, Massachusetts. Nancy, madre de Crispus, pertenecía a ella. Es una tribu pequeña. El año 2002 marcó 350 años de su existencia.

Este dibujo de Crispus Attucks es uno de los pocos que existen. Desde muy joven Crispus quería liberarse de la esclavitud.

Crispus quería ser libre desde que tenía unos diez años. No le gustaba la idea de ser propiedad de alguien. Attucks soñaba con ser marino, pero el coronel Buckminster no tenía barcos. Más tarde, Attucks fue vendido a un nuevo amo, William Brown, y obligado a trasladarse a Boston, cerca de los muelles.

¿SABÍAS QUE...?

"Attucks" es una palabra de la lengua natick, y quiere decir "ciervo pequeño". Se consideraba un buen nombre para una persona fuerte.

La bahía de Boston en 1800, aproximadamente. Cada semana llegaban barcos procedentes de Europa. Los barcos balleneros empleaban como marineros a hombres de la región de Boston.

William Brown enseñó a Crispus el negocio del ganado. Crispus compraba y vendía ganado para su amo. Se volvió muy eficiente en su nuevo oficio, pero sus sueños de ser hombre libre no habían disminuido. A Attucks no le gustaba que se esclavizara a la gente de piel oscura. Quería escapar de la esclavitud y convertirse en marino.

Los marineros de mediados de la década de 1700 vestían uniformes sencillos. Una chaqueta abrigada ayudaba a combatir los fríos del Atlántico Norte. Las gorras eran importantes para protegerse del sol.

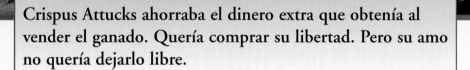

Crispus Attucks ahorraba el dinero extra que obtenía al vender el ganado. Quería comprar su libertad. Pero su amo no quería dejarlo libre.

2 ATTUCKS TIENE UN PLAN

Crispus observaba a los barcos en la bahía. Muy pronto descubrió un barco que se había desviado de su ruta. Era un barco ballenero. Una noche en que William Brown no estaba en casa, Crispus se escabulló para hablar con el capitán. Al capitán le agradó que Crispus fuera grande y fuerte. Además Crispus tenía fama de rudo y luchador.

Crispus era conocido en la región de Boston. Tenía amigos marineros. Los capitanes de los barcos a menudo necesitaban marineros. Crispus lo sabía y planeó su escape.

Los barcos balleneros cazaban ballenas para
extraerles la grasa. Al hervir la grasa, se
evapora el agua y queda el aceite. Este
aceite se usaba para hacer velas y lámparas.

El capitán lo contrató esa misma noche. Crispus se ocultó bajo cubierta. Le preocupaba ser capturado antes de que el barco dejara el puerto. A la mañana siguiente el barco navegó mar adentro. Crispus se sintió feliz de que su sueño se estuviera haciendo realidad.

¿SABÍAS QUE...?

Después de escapar, Crispus se cambió de nombre, para no ser capturado. Luego de algunos años desistieron de buscarlo.

Los marineros balleneros no cazaban las ballenas desde el barco. El grupo de cazadores salía en una lancha grande de remos y un hombre se paraba en la proa con un arpón.

Poco después, William Brown descubrió que Crispus había escapado. El 2 de octubre de 1750, puso un aviso en el periódico *Boston Gazette*. En el se decía que Crispus Attucks era un esclavo fugitivo. Desde ese día Crispus tuvo que ser muy cuidadoso. Si lo atrapaban perdería la libertad recién ganada.

Crispus Attucks no era el único esclavo que soñaba con la libertad. Los esclavos a menudo escapaban de amos que los maltrataban. A muchos de ellos volvían a atraparlos.

Los amos vendían a sus esclavos de diferentes maneras. Esta factura muestra lo sencillo que era separar a una familia de esclavos.

3 VEINTE AÑOS EN EL MAR

Durante los veinte años siguientes Crispus trabajó en barcos en el mar. Aprendió a cazar ballenas. Trabajar en los barcos balleneros era peligroso.

Crispus aprendió a lanzar el arpón. En aquellos días las ballenas valían mucho dinero. La grasa de las ballenas era convertida en aceite para encender lámparas.

CRISPUS EL ARPONERO

Crispus comenzó como marinero y con el tiempo se convirtió en arponero. Ése era el trabajo más difícil. El arponero tenía que aprovechar las pocas oportunidades que se le ofrecían para lanzar el arpón y cazar la ballena.

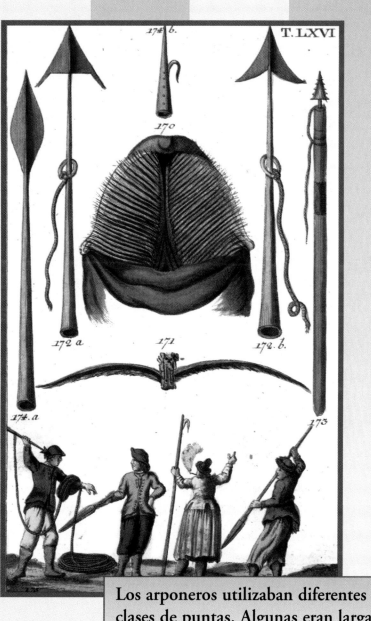

Los arponeros utilizaban diferentes clases de puntas. Algunas eran largas y delgadas. Otras tenían cabezas anchas.

Los capitanes de los barcos balleneros apreciaban la diligencia y la valentía de Crispus. Como arponero ganaba un buen salario. Sin embargo, permanecía en el mar la mayor parte del año y extrañaba a su familia. A veces el barco iba a Boston y entonces Crispus visitaba en secreto a su familia. Por fortuna, nunca fue atrapado.

LOS PELIGROS DEL OCÉANO

La vida en el mar estaba llena de dificultades. Los marineros debían combatir contra las tormentas y había siempre el riesgo de ser atacados por piratas o por barcos británicos.

La caza de ballenas era un trabajo duro. Las ballenas eran mucho más grandes que las lanchas y a veces las hacían zozobrar.

4 TIEMPOS DIFÍCILES PARA LAS COLONIAS

En la década de 1770, los colonos querían independizarse de Gran Bretaña. Al rey Jorge de Inglaterra no le gustaba la idea y envió soldados británicos para que controlaran a los colonos. El rey gravó con impuestos altos los bienes de consumo que se enviaban a las colonias, lo cual enojó a los colonos. Las relaciones entre ambos se hicieron difíciles.

El rey Jorge III aumentó los impuestos de los bienes de consumo. Los colonos tenían que comprar esos productos para vivir.

En todas las colonias la gente protestó los altos impuestos, pero no tenía derecho a oponerse a ellos. Los colonos comenzaron a luchar por la libertad.

Durante la década de 1770, Crispus siguió trabajando en los barcos balleneros. A menudo escuchaba noticias sobre los problemas que se estaban presentando en las colonias. Entendía su fuerte necesidad de independencia, pues él mismo había tenido que esconderse y luchar por su libertad. Crispus quería ayudar a la causa de los colonos. Sin embargo, temía que lo capturaran y volvieran a hacerlo esclavo.

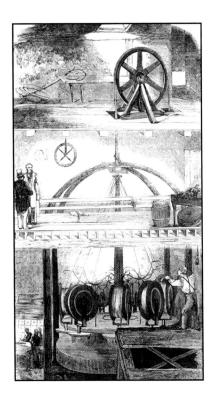

Cuando Crispus no estaba en el mar trabajaba con los fabricantes de cuerdas. En Boston existían fábricas de cuerdas para los barcos de vela.

Los líderes políticos de las colonias comenzaron a reunirse. Escribieron cartas al rey Jorge dándole a conocer su enojo. El rey no hizo caso de esas cartas. Los líderes decidieron unirse para luchar por su causa.

5 LA MASACRE DE BOSTON

La noche del 5 de marzo de 1770, Crispus estaba en Boston. Esa noche un colono le había hecho un trabajo a un soldado británico y el soldado rehusó pagarle. Muy pronto se corrió la voz de esta injusticia por todo Boston. Los colonos se reunieron en las calles. Gritaban a los soldados británicos y les lanzaban bolas de nieve y piedras. Los soldados respondieron.

PLUNDERING SOLDIERS.

Los soldados británicos hicieron muchas cosas que hacían enojar a los colonos. Aquí vemos a un grupo de soldados robando la casa de un colono.

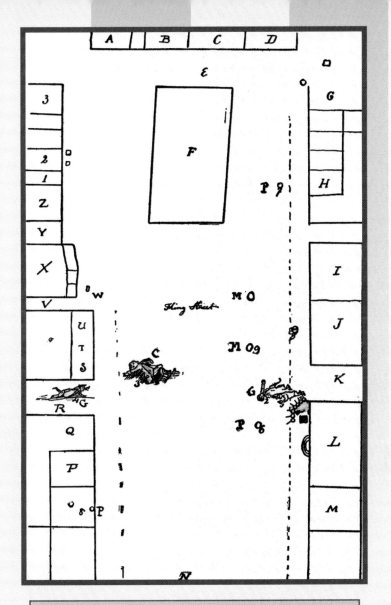

Paul Revere dibujó este mapa de la Masacre de Boston. Utilizó números y letras para situar a la gente. La calle King estaba llena aquella noche de marzo. Los colonos y los soldados británicos estaban frente a frente.

Los soldados golpearon a los colonos con palos y con sus mosquetes. Crispus se unió a los colonos. No le importaba de qué color tenían la piel. Para él era más importante la lucha por la libertad. En la calle King, al frente del Edificio de las Aduanas, estalló una gran pelea. Crispus trató de arrebatarle el mosquete a uno de los soldados.

No se sabe quién hizo el primer disparo en la Masacre de Boston. Este dibujo muestra a soldados británicos disparando sobre colonos que huyen.

En otro dibujo de la Masacre de Boston aparece una multitud aún más grande. Aquí casi todos los soldados británicos *(al lado izquierdo)* disparan sobre la gente. Crispus Attucks fue uno de los primeros en morir.

Un soldado británico le disparó a Crispus y lo mató. Esa noche murieron otros cuatro colonos. Crispus Attucks fue una de las primeras personas en dar la vida por la independencia de Estados Unidos. La Masacre de Boston llevó a la Guerra de Independencia. Los colonos ganaron la guerra y se independizaron de los británicos. Crispus dio la vida por la libertad de los mismos colonos que una vez lo esclavizaron.

¿SABÍAS QUE...?

Crispus nunca se casó ni tuvo hijos.

Hours to the Gates of this City many Thousands of our brave Brethren in the Country, deeply affected with our Distresses, and to whom we are greatly obliged on this Occasion—No one knows where this would have ended, and what important Consequences even to the whole British Empire might have followed, which our Moderation & Loyalty upon so trying an Occasion, and our Faith in the Commander's Assurances have happily prevented.

Last Thursday, agreeable to a general Request of the Inhabitants, and by the Consent of Parents and Friends, were carried to their *Grave* in Succession, the Bodies of *Samuel Gray*, *Samuel Maverick*, *James Caldwell*, and *Crispus Attucks*, the unhappy Victims who fell in the bloody Massacre of the Monday Evening preceeding !

On this Occasion most of the Shops in Town were shut, all the Bells were ordered to toll a solemn Peal, as were also those in the neighboring Towns of Charlestown Roxbury, &c. The Procession began to move between the Hours of 4 and 5 in the Afternoon ; two of the unfortunate Sufferers, viz. Mess. *James Caldwell* and *Crispus Attucks*, who were Strangers, borne from Faneuil-Hall,

Los periódicos coloniales escribieron sobre las cinco víctimas de la Masacre de Boston. En los dibujos de los ataúdes aparecen las iniciales de los hombres muertos. La memoria de estos muertos sirvió para unir a los colonos.

CRONOLOGÍA

1723—Nace Crispus Attucks. Él y su familia son esclavos y viven en Framingham, Massachusetts.

1750—Crispus escapa para convertirse en marino.

1750-1770—Crispus trabaja en un barco ballenero.

1770—Crispus fue uno de las primeros muertos en la lucha por la independencia de Estados Unidos. Murió en un evento conocido como la Masacre de Boston.

anuncio (el) Algo que se avisa oficial o públicamente.

desviarse Alejarse de su destino o perderse.

esclavitud (la) Cuando una persona es dominada por otra persona que la considera su propiedad.

independencia (la) Estar libre del control de otros.

injusticia (la) Acto arbitrario o injusto.

libertad (la) Derecho a hacer o decir lo que se quiere.

mosquete (el) Arma de fuego de cañón largo que se utilizó antes de la invención del rifle.

peligroso Que puede causar daño; que no es seguro; arriesgado.

valentía Valor o ausencia de miedo.

SITIOS WEB

Debido a las constantes modificaciones en los sitios de Internet, Rosen Publishing Group, Inc., ha desarrollado un listado de sitios Web relacionados con el tema de este libro. Este sitio se actualiza con regularidad. Por favor, usa este enlace para acceder a la lista:

http://www.rosenlinks.com/fpah/catt

LISTA DE FUENTES PRIMARIAS DE IMÁGENES

Página 5: Retrato ilustrado de Crispus Attucks, 1750 aproximadamente.

Página 7: Litografía a color de Boston, de Jacques Milbert. Actualmente se encuentra en el instituto New York Historical Society de la ciudad de Nueva York.

Página 8: Ilustración de un marino, 1777.

Página 9: Óleo de 1824 titulado *Festival en un condado de Pensilvania*, de John Archibald Woodside.

Página 10: Óleo de 1859 titulado *Barco ballenero frente a Marthas's Vineyard*, de William Bradford. Se encuentra actualmente en el museo Smithsonian American Art, de Washington, D.C.

Página 11: Ilustración de la extracción de la grasa de una ballena.

Página 13: Litografía a color titulada *Ballenero Estadounidense*, de Nathaniel Currier, 1850. Se encuentra actualmente en el museo Yale University Art Gallery, de New Haven, Connecticut.

Página 14: Óleo titulado *Viaje hacia la libertad: Esclavos fugitivos*, de Eastman Johnson, 1862. Se encuentra actualmente en el Museo de Arte de Brooklyn, Nueva York.

Página 15: Volante de 1851 advirtiendo a la gente de color de Boston sobre el peligro que corrían de que los secuestraran y los hicieran esclavos.

Página 17: Grabado a color de implementos de la caza de ballenas, segunda mitad del siglo XVIII, aproximadamente, de la Escuela Francesa.

Página 19: Óleo titulado *Escena de la caza de ballenas*, 1850 aproximadamente, de Cornelius Krieghoff.

Página 20: Retrato al óleo del rey Jorge III de Inglaterra, 1760, de Allan Ramsay. Actualmente se encuentra en el Museo de Versalles y de Trianón, Versalles, Francia.

Página 21: Ilustración titulada *Protesta contra la ley Stamp Act*, 1765.

Página 23: Grabado titulado *Primer Congreso Continental*, 1774 aproximadamente, de Francoise Godefroy.

ÍNDICE

ACERCA DEL AUTOR

Anne Beier escribe libros para niños y enseña escritura creativa y arte a los niños en la asociación NWCA. Anne vive con su esposo y su gato en Ossining, Nueva York.